MAJOR LEAGUE SPORTS

LIG ESPÒ PI GWO A

MLS

B. Keith Davidson

JEAN-PIERRE GASTON

A Crabtree Branches Book

Yon liv Branch Crabtree

Crabtree Publishing

crabtreebooks.com

School-to-Home Support for Caregivers and Teachers

This high-interest book is designed to motivate striving students with engaging topics while building fluency, vocabulary, and an interest in reading. Here are a few questions and activities to help the reader build upon his or her comprehension skills.

Before Reading:

- What do I think this book is about?
- What do I know about this topic?
- What do I want to learn about this topic?
- Why am I reading this book?

During Reading:

- I wonder why...
- I'm curious to know...
- How is this like something I already know?
- What have I learned so far?

After Reading:

- What was the author trying to teach me?
- What are some details?
- How did the photographs and captions help me understand more?
- Read the book again and look for the vocabulary words.
- What questions do I still have?

Extension Activities:

- What was your favorite part of the book? Write a paragraph on it.
- Draw a picture of your favorite thing you learned from the book.

Sipò Lekòl-a-Lakay pou Moun kap bay swen ak Pwofesè yo

Liv ki enterese anpil kon sa fèt pou motive elèv ki fè efò yo ak sijè enteresan pandan yo ap devlope fasilite, vokabilè, ak yon enterè nan lekti. Men kèk kesyon ak aktivite pou ede lektè a devlope ladrès konpreyansyon li.

Avan Ou Li:

- De kisa mwen panse liv sa ap pale?
- Kisa mwen konnen sou sijè sa?
- Kisa mwen ta vle konnen sou sijè sa?
- Poukisa map li liv sa?

Pandan Wap Li:

- Mwen mande poukisa...
- Mwen ta renmen konnen...
- Kijan sa sanble yon bagay ke mwen konnen deja?
- Kisa mwen aprann jiskapresan?

Lèw Fenn Li:

- Kisa otè a tap eseye aprann mwen?
- Wap ka banm kèk detay?
- Kijan foto yo ak tit yo te ede mwen konprann pi byen?
- Li liv la ankò e chèche mo vokabilè yo.
- Ki kesyon mwen genyen toujou?

Ekstansyon Aktivite Yo:

- Ki pati nan liv la ou pi renmen? Ekri yon paragraph sou li.
- Fè yon desen de bagay ou pi renmen ke ou te aprann nan liv la.

TABLE OF CONTENTS

TAB KONTNI

ALL YOU NEED IS A BALL
SÈL SA OU BEZWEN SE YON BOUL

Soccer is one of the most popular sports in the world. It's also a sport almost anyone can play—all you need is a ball, a bit of space, and something to mark off a goal. Perhaps it's the simplicity that has people calling it the "beautiful game."

Foutbòl se youn nan espò ki pi popilè nan mond lan. Se yon espò prèske nenpòt moun ka jwe– sèl sa ou bezwen se yon boul, yon ti espas, ak yon bagay pou make yon gòl. Petèt se senplisite a ki fè moun ap rele li "bèl jwèt la."

Soccer, or football, is believed to have developed from the ball games played by the ancient Greeks and Romans.

Yo kwè ke foutbòl te devlope de jwèt boul ke ansyen Lagrès yo ak Women yo te konn jwe.

SOCCER–A MAJOR SPORT?

FOUTBÒL–YON GWO ESPÒ?

There are four major sports in North America: football, basketball, baseball, and hockey. For a long time, it didn't seem like soccer was going to break through into this market. Thanks to Olympic success and the spread of youth soccer leagues, Major League Soccer (MLS) has taken off in North America.

Gen kat gwo lig espò nan Amerik di Nò: foutbòl Ameriken, baskètbòl, bezbòl, ak Hockey. Pandan lontan, li pa te sanble ke foutbòl ta pral pran nan mache sa. Gras a siksè Olympic la ak lig foutbòl jèn yo ki gaye tout kote, Major League Soccer (MLS) te byen pran nan Amerik di Nò.

FUN FACT ENFÒMASYON ENTERESAN

Freddy Adu, at the age of 14, became the youngest pro athlete in history when he joined the DC United team in 2004. He scored five goals that year.

Freddy Adu, a laj 14 zan, te venn pi jen atlèt pwofesyonèl nan listwa lè li te rantre nan ekip DC United an 2004. Li te bay senk gòl nan ane sa.

IT'S ALL IN THE LEGS

TOUT SE NAN PYE YO

There are many different kicks in soccer and each one has a name. For example, the **heel kick** is used for short passes. From the impressive **bicycle kick** to the fancy footwork of the keepy-uppy, soccer moves require players to use only their feet, thighs, and head—no hands!

Nan foutbòl gen diferan jan pou frape boul la e yo chak gen non pa yo. Pa egzanp, **talonad** la se lè wap fè yon pass kout. Nan mouvman enpresyonan yo kon **bisiklèt** la avec bèl mouvman chenè yo, foutbòl mande pou jwè yo sèvi sèlman ak pye yo, kwis, ak tèt- men pa ladan!

bicycle kick bisiklèt

keepy-uppy
chenè
heel kick
talonad

MIDFIELD
JWÈ MITAN

Midfielders play between the forwards and the defense. Their job is to be a passer and **playmaker**, while always being ready to provide defense. Cristian Roldan and Alexandru Mitrita are well-known for their skills as midfielders.

Jwè mitan jwe ant atakan yo ak defans la. Travay yo se pase boul la **playmaker**, an menm tan yo toujou pare pou fè defans. Cristian Roldan ak Alexandru Mitrita byen koni pou konpetans yo kòm jwè mitan yo.

Alexandru Mitrita

This diagram shows the players in the areas they are responsible for protecting. In a game, they move up and down the field following the play.

Dyagram sa montre jwè yo nan zòn yo responsab pou pwoteje yo. Pandan match la, yo fè ale vini suivan jwèt la.

DEFENSE
DEFANS

From the **kickoff**, fullbacks focus on defending. They do not score a lot of goals, but their skill shows through in a low scoring game. They must be able to block the opposing forwards, take the ball, and then quickly get the ball moving towards the other team's goal.

Depi **kickoff** la, defansif yo konsantre sou defanns la. Yo pa fè anpil gòl, men konpetans yo parèt lè match la fini san anpil gòl. Yo dwe kapab bloke lòt atakan yo, pran boul la, byen vit fèl janbe nan lòt kan.

YouTubeTV
BMO

MOVING FORWARD
AVANSE

Forwards, also known as strikers, have the job of scoring goals. The biggest moment for a forward may be the **corner kick**, where everyone rushes the net to get a foot or head on the ball.

Job atakan yo se fè gòl. Moman pi enpotan pou yon atakan se le yon **kòne** ap tire, lè sa tout moun kouri bo net la pou choute boul la oubyen fè yon tèt.

Chris Wondoloski

Sean Davis

FUN FACT **ENFÒMASYON ENTERESAN**

Chris Wondoloski is the league's all-time leading goal scorer with 166 goals.

Chris Wondoloski se moun ki fè plis gòl nan lig la li bay 166 gòl.

THE KEEPER GADYEN AN

Always trying to guard that far post, a soccer goalkeeper has more net to worry about than any other sport's goalie. It may not seem fair to expect one person to guard that much net, but they are the only player allowed to use their hands.

Gadyen an toujou eseye pwoteje pòs ki pi lwen an, yon gadyen foutbòl gen plis net pou li veye pase nenpòt lòt gadyen espò. Li ka pa jis ke se yon sèl moun kap veye lajè net sa, men se li sèl jwè ki gen dwa sèvi ak men li.

FUN FACT ENFÒMASYON ENTERESAN

Sixteen is the record for most **shutouts** in a season. It was set by Tony Meola when he played for the Kansas City Wizards.

Sèz se rekò pou pifò **shutouts** nan yon sezon match futbòl. Se Tony Meola ki te fè rekò sa lè li te jwe pou Kansas City Wizards yo.

CHEEZ-IT
KEATON
55
CASTELLANOS
11
39
10
Red Bull

SHOOTOUT!
PENALITE

Many soccer games end in ties. A tie is settled by a **shootout**—one of the most nerve-racking and exciting situations in soccer. The goals come fast and furious, but when a goalkeeper makes a save, you can bet that it will be spectacular.

Anpil jwèt foutbòl fini an egalite. Yon jan pou yo rezoud pwoblèm sa se choute **penalite** youn nan sitiyasyon ki pi stresan ak eksitan nan foutbòl la. Boul la rive sou gadyen a tout vitès e ak fòs, men lè yon gadyen resi kenbe boul sa, ou ka parye ke se yon bagay espektakilè.

Carlos Vela holds the record for most goals in a single season with 34.

Carlos Vela te bay 34 gòl nan yon sezon pou rezon sa li kenbe rekò pou pifò gòl ki bay nan yon sèl sezon.

REFEREES
ABIT YO

The referee makes sure the players follow the rules. Break a rule and the referee will call a foul, or hold up a card. A yellow card is a warning—the player gets to stay in the game. Serious fouls receive a red card and the player is out of the game.

Abit la asire ke jwè yo swiv règleman yo. Lè ou pa swiv yon règleman abit la rele yon fòt, oubyen li leve yon katon. Yon katon jòn se yon avètisman—jwè a ka kontinye rete nan jwèt la. Lè yon jwè fè yon fòt ki grav lap resevwa yon katon wouj epi jwè sa dwe kite jwèt la.

A second yellow card in a game is an automatic red card—the player is out.

Yon dezyèm katon jòn nan yon jwèt egal yon katon wouj otomatik—jwè a dwe soti nan jwèt la.

THE MLS CUP
KOUP MLS LA

After a 34-game season that starts in March and ends in October, the post-season playoffs begin. The league's top 18 teams play single games, elimination style, until there are only two teams left. These two teams play one last match for the MLS Cup.

Apre yon sezon 34 match ki kòmanse nan mwa Mas epi ki fini an Oktòb, faz eliminatwa apre sezon an kòmanse. Top 18 ekip lig la jwè yon sèl match, style eliminasyon, jiskaske gen sèlman de ekip ki rete. De ekip sa yo jwe yon dènye match pou koup MLS la.

The first MLS Cup was won by DC United in 1996.

Se DC United ki te genyen premye koup MLS la an 1996.

Atlanta United celebrate winning the MLS Cup in 2018.

Se an 2018 ke Atlanta United te selebre obtansyon koup MLS la.

The Seattle Sounders won the Western Conference championship trophy in an MLS playoff match against Minnesota United, December 7, 2020. The Sounders went to the cup final, but were beaten 3-0 by South Carolina's Columbus Crew.

Ekip Seattle Sounders yo ranpòte trofe chanpyona Konferans Lwès la nan yon match faz eliminatwa MLS kont ekip Minnesota United, le 7 Desanm 2020. Ekip Sounders la te ale nan final koup la, men ekip Columbus Crew nan South Carolina te bat yo 3-0.

FUN FACT ENFÒMASYON ENTERESAN

In 1996 when the MLS started there were 10 teams. Currently, there are 27 teams. In 2022, Charlotte FC will join the league. Sacramento Republic and St. Louis City SC will be added in 2023.

An 1996 MLS la te kòmanse ak 10 ekip sèlman. Kounye a, gen 27 ekip. An 2022, Charlotte FC pral rantre nan lig la. A 2023 de lòt ekip ap rantre nan lig la se Repiblik Sacramento ak St. Louis City SC.

DAVID BECKHAM

CAREER **2007-2012**
HARYE **2007-2012**

POSITION
MIDFIELDER

POZISYON
JWÈ MITAN

GAMES PLAYED ***MATCH YO JWE***	**98**
GOALS ***GÒL***	**91**
ASSISTS ***ASISTE***	**40**
MINUTES PLAYED ***MINIT POU CHAK JWÈT***	**8,066**

ANDRE BLAKE

CAREER **2014–PRESENT**
KARYE **2014–PREZAN**

POSITION
GOALKEEPER

POZISYON
GADYEN

GAMES PLAYED ***MATCH YO JWE***	**145**
SAVES ***GÒL LI BLOKE***	**460**
RECORD/REKÒ	
WINS/MATCH LI GENYEN	**59**
LOSSES/MATCH LI PEDI	**54**
TIES/MATCH LI FÈ EGALITE	**32**
MINUTES PLAYED ***MINIT POU CHAK JWÈT***	**13,013**

LANDON DONOVAN

CAREER **2001-2016**
HARYÈ **2001-2016**

POSITION
MIDFIELDER

POZISYON
JWÈ MITAN

GAMES PLAYED ***MATCH YO JWE***	**340**
GOALS ***GÒL***	**145**
ASSISTS ***ASISTE***	**136**
MINUTES PLAYED ***MINIT POU CHAK JWÈT***	**28,898**

CHRIS WONDOLOWSKI

CAREER **2005-PRESENT**
HARYÈ **2005-PREZAN**

POSITION
FORWARD

POZISYON
ATAKAN

GAMES PLAYED ***MATCH YO JWE***	**381**
GOALS ***GÒL***	**166**
ASSISTS ***ASISTE***	**42**
MINUTES PLAYED ***MINIT POU CHAK JWÈT***	**28,491**

THE MLS
MLS LA

The MLS is not on top of the soccer world. The English Premier League, Bundesliga, and leagues all over Europe get more attention, but this scrappy little soccer league is gaining a reputation for tough play and determination.

MLS pa pi gwo lig foutbòl nan mond lan. Lig Anglè Premier la, Bundesliga, ak lig toupatou nan Ewòp jwenn plis atansyon, men ti lig foutbòl sa komanse gen yon repitasyon jwe di ak detèminasyon.

The MLS is inspiring the next generation of soccer stars on this side of the Atlantic.

MLS ap enspire pwochen jenerasyon foutbòl yo sou bò Atlantik sa.

FUN FACT ENFÒMASYON ENTERESAN

The LA Galaxy have more regular season wins than any team playing in the MLS. They also have the most MLS Cup wins with five.

Nan sezon regilye yo se LA Galaxy ki gen plis viktwa pase nenpòt ekip ki ap jwe nan MLS la. Se yo tou ki genyen plis koup MLS an total yo genyen senk koup.

GLOSSARY/GLOSÈ

bicycle kick (BYE-si-kuhl KIK): A difficult kick performed while player is horizontal in midair

corner kick (KOR-nur KIK): A kick awarded to the offensive team after the defensive team kicked the ball out of play

far post (FAR POHST): The goal post that is farthest from the player with the ball

foul (FOWL): An action in sports that is against the rules

heel kick (HEEL KIK): A kick performed by kicking the ball backwards with the heel

kickoff (KIK-off): The kick of a ball that begins the action in a game

MLS (EM-EL-ESS): Major League Soccer, a men's professional soccer league in North America

playmaker (PLAY-may-kur): An offensive player often involved in passing moves that lead to goals

shootout (SHOOT-out): A method of deciding a winner in which five players from each team take shots at getting the most balls in the net

shutouts (SHUHT-outs): Games in which one team prevents the other from scoring any points

bisiklèt: Yon kout pye difisil ki fèt pandan jwè a vole a lorizontal an lè a

fot: Yon aksyon nan espò ki kont règleman yo

kickoff: Aksyon ki komanse jwèt la

kòne: Yon kout pye yo bay ekip ofansif la apre ekip defansif la te voye boul la deyò

MLS: Major League Soccer, yon lig foutbòl pwofesyonèl pou gason nan Amerik di Nò

penalite: Yon metòd pou deside yon gayan kote senk jwè nan chak ekip ap choute boul la pou wè kiyes kap rantre plis boul nan net la

playmaker: Yon jwè ofansif ki fè pass ki pèmet bay gòl

pòs ki pi lwen an: Pòs gòl ki pi lwen jwè ki gen boul la

shutout: Lè yon gadyen jwe yon match san li pa pran yon gòl

talonad: Yon kout pye ki fèt lè ou choute boul la pa deyè ak talon an

INDEX/ENDÈKS

COOL FACTS:
ENFÒMASYON ENTERESAN:

In 2007, David Beckham became the first "designated player" when he signed with the LA Galaxy. A designated player can be paid much more than the salary cap allows—not a bad position to be in.

Nineteen wins is the longest streak that a team has ever put together. The Columbus Crew did it in 2004-05. The FC Dallas repeated the feat in 2010.

The MetroStars hold the record for longest losing streak with 12 games, back in 1999.

An 2007, David Beckham te venn premye "jwè deziyen an" lè li te siyen kontra ak LA Galaksi. Yon jwè deziyen ka touche plis kòb pase limit salè a pèmèt - pozisyon sa pa twò mal.

Diznèf viktwa te yon pi long seri ke yon ekip te janm mete ansanm. Ekip Columbus Crew te fèl nan ane 2004-05. Ekip FC Dallas te repete sa an 2010.

Ekip MetroStars yo kenbe rekò pou pi long defèt ak 12 match, an 1999.

WEBSITES FOR MORE COOL FACTS:
SITWÈB POU PLIS ENFÒMASYON ENTERESAN:

www.dkfindout.com/us/sports/soccer
www.cbc.ca/kidscbc2/games/new-soccer
https://kidskonnect.com/sports/soccer

ABOUT THE AUTHOR/KIYES OTÈ A YE

B. Keith Davidson

B. Keith Davidson grew up playing with his three brothers and a host of neighborhood children, learning about life through sports and physical activity. He now teaches these games to his three children.

B. Keith Davidson te grandi jwe ak twa frè li yo ak yon pakèt lot timoun nan katye a, li aprann de lavi nan espò ak aktivite fizik. Kounye a li anseye twa timoun li yo jwèt sa yo.

Crabtree Publishing

crabtreebooks.com 800-387-7650

Print edition in English produced for Crabtree Publishing by BDE in 2022.

Written by: B. Keith Davidson
Designed by: Jennifer Dydyk
Edited by: Tracy Nelson Maurer
Proofreader: Melissa Boyce
Translation: Jean-Pierre Gaston

Library and Archives Canada Cataloguing in Publication
Available at the Library and Archives Canada

Library of Congress Cataloging-in-Publication Data
Available at the Library of Congress

Hardcover 978-1-0398-7032-1
Paperback 978-1-0398-7029-1
Ebook (pdf) 978-1-0398-7035-2
Epub (ebook) 978-1-0398-7038-3

Printed in

Published in Canada
Crabtree Publishing
616 Welland Avenue
St. Catharines, Ontario
L2M 5V6

Published in the United States
Crabtree Publishing
347 Fifth Avenue
Suite 1402-145
New York, NY 10016

Photographs: COVER: top photo © Shutterstock.com/ Vasyl Shulga, players © John Raoux / Associated Press, PG 4: ©istock.com/ Natee127, PG 5: ©istock.com/JerryPDX, ©istock.com/jacoblund, PG 6: © Gianni Tonazzini | Dreamstime.com, PG 7: ©Jarrett Campbell-Cary, North Carolina. creativecommons.org/licenses/by/2.0/deed.en, PG 8: ©shutterstock.com/Leonard Zhukovsky, PG 9: ©R. Gino Santa Maria/Shutterfree, Llc | Dreamstime.com, ©shutterstock.com/RTimages (top), PG 10: ©shutterstock.com/lev radin, PG 11: ©shutterstock.com/kckate16, PG 12: ©shutterstock.com/Jamie Lamor Thompson, PG13: ©shutterstock.com/Keeton Gale (top), © Marty Jean Louis| Dreamstime.com, PG 14: ©shutterstock.com/ lev radin, PG 15: ©shutterstock.com/ lev radin (top), ©Jeff Mulvihill Jr. /Associated Press, PG 16: ©shutterstock.com/lev radin, PG 17: ©shutterstock.com/lev radin (all), PG 18: ©shutterstock.com/lev radin, PG 19: © shutterstock.com/lev radin, PG 20: ©shutterstock.com/ Jamie Lamor Thompson (top), ©shutterstock.com/ Eugene Onischenko, PG 21: © shutterstock.com/lev radin, ©shutterstock.com/ 9dream studio (inset), PG 22: © shutterstock.com/lev radin, PG 23: ©Ted S. Warren/Associated Press, PG 24: ©shutterstock.com/Photo Works, PG 25: © Marty Jean Louis | Dreamstime.com, PG 26: ©shutterstock.com/Photo Works, PG 27: ©Jeff Mulvihill Jr. /Associated Press, PG 28: istock.com/fotokostic, PG 29: ©shutterstock.com/betto rodrigues